AF242722

RAPPORT DU DIRECTEUR

Sur la Création de

NOUVEAUX CIMETIÈRES

DIRECTION DES TRAVAUX DE PARIS

PARIS

IMPRIMERIE TYPOGRAPHIQUE DE A. POUGIN

13, QUAI VOLTAIRE, 13

1874

RAPPORT DU DIRECTEUR

SUR

LA CRÉATION DE NOUVEAUX CIMETIÈRES

DIRECTION DES TRAVAUX DE PARIS

1. — Pour répondre à l'engagement pris par lui devant le Conseil municipal, M. le Préfet de la Seine nous a chargé d'étudier les divers terrains qui sont situés autour de Paris, à une faible distance de son enceinte, et qui ont été désignés comme propres à l'établissement de nouveaux cimetières dits *périphériques*. Dans le cas où il ne serait pas possible de trouver des terrains propres aux inhumations, ayant au moins la surface de 200 hectares, reconnue indispensable pour la création de ces nouveaux cimetières, et en admettant qu'il fallût recourir à des terrains trop éloignés pour y accéder autrement que par des chemins de fer, M. le Préfet nous a donné la mission de chercher, au sud, un emplacement pour un second cimetière, analogue à celui qu'on a projeté d'établir à Méry-sur-Oise. Enfin, M. le Préfet nous a prescrit d'étudier, dans Paris, les emplacements de gares mor-

luaires, assez facilement et assez promptement accessibles, pour réduire à un parcours de 3 kilomètres la distance maximum séparant ces gares du domicile des défunts.

Pour compléter les documents à fournir au Conseil municipal, il nous a été demandé aussi d'étudier quelle serait la dépense d'un chemin direct entre Paris et Épinay, afin d'éviter, dans le transport des convois dirigés sur Méry, l'obligation d'emprunter la ligne du Nord, entre Paris et Saint-Denis.

1° CIMETIÈRES PÉRIPHÉRIQUES

II. — La première condition, à laquelle doivent satisfaire les cimetières périphériques, c'est d'être établis à une faible distance de l'enceinte de Paris.

Dans les études déjà faites à ce sujet, on avait indiqué les terrains de la zone militaire comme propres aux inhumations. M. le Ministre de la guerre vient d'être consulté à ce sujet ; il a répondu par une lettre ci-jointe, en date du 29 mai 1874, que l'administration de la guerre s'opposerait à l'établissement de cimetières, d'une étendue assez considérable, dans la zone des servitudes défensives de Paris, zone déjà restreinte par la faveur exceptionnelle dont elle est l'objet.

Les cimetières nouveaux ne peuvent donc être attenant à l'enceinte ; d'autre part, ils ne devront pas en être éloignés de plus de 1,000 à 1,500 mètres, si l'on veut qu'ils soient facilement accessibles aux populations. Ces exigences compliquent encore le problème à résoudre.

On a supposé, il est vrai, qu'une distance plus grande pouvait être franchie, sans difficulté, par les convois et par la foule des visiteurs au moyen des tramways ; mais ce mode de locomotion, qui permet de diminuer les frais de traction et par conséquent de rendre les conditions du transport un peu meilleures que sur les routes ordinaires, ne comporte ni le transport des foules ni les réductions considérables de prix, si l'on n'emploie pas la vapeur comme mode de locomotion. Si l'on en fait usage, le tramway devient alors un véritable chemin de fer, et les objections faites au transport des convois sur les voies ferrées s'appliqueraient aux tramways ainsi exploités.

Le champ dans lequel doivent se renfermer les recherches de territoires propres aux cimetières périphériques, est donc très-limité.

III. — La nature du terrain est une condition importante dans le choix d'un cimetière. Il faut absolument que la constitution géologique du sol et l'éloignement de la nappe souterraine des eaux, par rapport à la surface, permettent la rapide décomposition des corps. S'il en était autrement, on retomberait dans les inconvénients des anciens cimetières de Paris, où les corps sont loin d'être décomposés, lorsqu'on procède aux reprises des terrains qui ne font pas l'objet de concessions temporaires ou perpétuelles. Ce n'est certes pas là ce que peuvent demander ceux qui repoussent les cimetières situés à une certaine distance. Le sentiment de respect qu'ils professent pour les morts serait bien mal entendu, s'il avait pour conséquence de condamner les familles au spectacle navrant que présentent, lors des reprises de terrains, des cadavres non consumés; et cela, pour éviter aux survivants quelque perte de temps ou d'argent, ou pour ne point se heurter à des scrupules respectables sans doute, mais conciliables avec les nécessités rigoureuses auxquelles l'administration doit pourvoir.

Il faut donc absolument que les terrains choisis soient formés d'un sol siliceux ou calcaire, très-perméable, non-seulement pour permettre la prompte décomposition des corps, mais aussi pour éviter les miasmes putrides et les effets désastreux des infiltrations souterraines dans les nappes d'eau superficielles.

Le respect des morts et le culte dont on les honore, à Paris, sont des sentiments très-respectables et qu'on ne peut que louer et encourager. Toutefois, il ne faudrait point exagérer ce sentiment au point de compromettre l'existence des vivants, pour mieux assurer le culte des morts. Il importe donc, sous ce rapport, ainsi du reste que le prescrit la loi, d'éloigner les cimetières des centres habités et d'étudier avec soin le régime des eaux souterraines, pour éviter de porter au loin, par des infiltrations, des eaux malsaines qui corrompraient les puits. L'épidémie de fièvre typhoïde, qui sévit si cruellement à Lyon, paraît avoir pour cause principale l'infection des eaux par des miasmes provenant des détritus que produisent les matières animales en décomposition.

Enfin, la ville de Paris, qui ne possède qu'un territoire urbain, ne peut pas perdre de vue qu'elle est obligée d'établir ses cimetières sur le sol d'une commune étrangère; qu'elle trouvera, par conséquent, une vive résistance dans les populations suburbaines; résistance qui ne pourrait être surmontée par l'autorité, si l'on voulait s'emparer de certains territoires où l'industrie s'est établie et se développe rapidement, au grand profit de la fortune publique.

Telles sont les conditions générales qui ont guidé le service des ingénieurs dans les études qu'ils ont faites, et dont nous allons rendre compte, en examinant successivement chaque emplacement proposé. Il ne faut pas perdre de vue qu'il s'agit de créer des cimetières définitifs, et non des champs de repos provisoires, comme ceux d'Ivry et de Saint-Ouen, et que, par conséquent, certains terrains, reconnus propres à cette dernière affectation, doivent être absolument repoussés, s'ils sont destinés à être transformés en cimetières permanents pour la ville de Paris.

Parc d'Issy.

(Plan n° 1).

IV. — Le premier terrain proposé est le parc d'Issy, d'une contenance de. . . . . 24 h. 10
auquel on propose d'ajouter les terrains adjacents situés sur le plateau, entre le parc et le chemin des Monts, soit : . . . . . 1° 0 12
2° 23 06

En tout . . . . 57 h. 18

Sans parler ni du prix des terrains, très-élevé pour le parc, ni de leur situation dans le voisinage immédiat du fort et, par conséquent, de l'opposition que l'autorité militaire ferait à la création d'un cimetière, ni du voisinage, à l'est, du centre peuplé de la commune d'Issy, il suffit, pour repousser cet emplacement, de tenir compte de la composition du sol, qui est formé d'une glaise verte, absolument impropre à la décomposition des corps et à l'absorption des miasmes.

Vanves.

(Plan n° 2).

V. — L'emplacement proposé à Vanves soulève de très-sérieuses objections.

L'autorité militaire, par les considérations déjà indiquées, ne permettra pas d'occuper la zone militaire, et il faut s'arrêter, de ce côté, au chemin des Glaises. Du côté opposé, pour ne pas atteindre les murs du Lycée et le centre peuplé de Vanves, il faut se reculer comme l'indique le plan n° 2. Dans la direction de la voie de fer, il est impossible de déplacer, sans nuire aux plus graves intérêts, le chemin que la commune de Vanves

fait établir, pour arriver directement au centre de Paris par la rue de Bran-
cion, laquelle est destinée à devenir l'une des artères principales du 15ᵉ arrondissement de Paris.

Dans ces conditions, la surface utilisable serait réduite à 30 hect. 99
qui ne coûteraient pas moins de. . . . .   1.787.300 fr.
(Voir l'estimation jointe au plan n° 2).

Auxquels il faudrait ajouter, pour déplacement de
chemin sur 800 mètres, à 150 fr. le mètre. 120.000

Pour clôture et appropriation du cimetière, à cause
des inégalités du sol, à 30,000 fr. l'hect. 1.129.700

Total 3.037.000

Un cimetière ainsi situé coûterait donc fort cher, et donnerait lieu
aux plus vives protestations : d'abord à cause du voisinage immédiat du
village de Vanves et du groupe assez considérable de Malakoff, mais surtout, par la proximité du lycée de Vanves, établissement très-important, qui
tend chaque jour à un accroissement justifié par les conditions spéciales
de salubrité qu'il offre aux jeunes enfants. Or, ces conditions seraient très-
sérieusement compromises par le voisinage d'un grand cimetière. En effet,
M. le Ministre de l'instruction publique, par une lettre qui sera placée sous
les yeux du Conseil municipal, déclare qu'il s'oppose à la création d'un
cimetière établi dans ces conditions.

Au point de vue de la santé publique des habitants de Paris, la position, au sud-ouest de Paris, du cimetière projeté, suffirait pour indiquer le
mauvais choix de cet emplacement. D'autre part, il résulte de la carte
hydrologique de M. Delesse, que la nappe d'eau souterraine n'est pas à
plus de 10 mètres du sol calcaire facilement perméable. Ces eaux seront
donc nécessairement infectées ; or, elles se déversent toutes du côté de
Paris. Les habitants du quartier de Grenelle seraient, par conséquent, exposés à voir l'eau de leurs puits viciée et inutilisable, par suite des infiltrations provenant du cimetière permanent établi à Vanves.

Parc de Montrouge et terrains adjacents sur Arcueil et Bagneux.

(Plan n° 3).

VI. — L'emplacement de 100 hectares, proposé par MM. Riant et
Leclerc, ne pourrait être obtenu qu'à la condition de supprimer ou de
détourner des chemins indispensables à la circulation, des localités

importantes. Il faudrait, en outre, tenir compte de la proximité du village de Montrouge et de la déviation difficile des deux voies de communication, reliant Fontenay à Paris. Cette déviation aurait pour conséquence une augmentation considérable de trajet et une grande perturbation dans les communications existant entre les villages de Montrouge, Arcueil et Bagneux. Enfin, il paraîtrait impossible d'employer plus de 87 hect. 62 de terrain, qui coûteraient, comme l'indiquent le plan n° 3 et l'estimation qui y est annexée. . . . . 1.896.242 fr. 50
auxquels il faudrait ajouter pour les travaux de clôture
et autres, à raison de 20,000 fr. l'hect. . . . . 1.752.400 »

Total. . , ... 3.648.642 fr. 50

D'autre part, il y a lieu de se reporter aux observations présentées plus haut, relativement à la situation qui serait créée aux terrains dont il s'agit, par la proximité du fort de Monrouge.

Une grande partie de ces terrains se trouve, en effet, dans la zone légale ; une autre est traversée par la route stratégique du fort de Vanves au fort de Montrouge ; le surplus, qui se trouve placé en dehors de cette zone et de cette route, donnerait très-probablement lieu à de graves objections de la part de l'autorité militaire, si des monuments nombreux venaient nuire aux lignes de défense.

Pourrait-on, d'ailleurs, songer à établir, aux portes de Paris, un cimetière d'une pareille étendue, isolant complétement des centres de population et arrêtant brusquement leur développement, dont il est facile de constater la marcher continue?

Enfin, on aurait encore ici à redouter l'infection certaine des puits du XIV⁰ arrondissement par les causes signalées plus haut pour Vanves, les cotes de la carte hydrologique de M. Delesse indiquant que l'écoulement des eaux souterraines de Montrouge se fait du côté de Paris.

L'observation relative aux terrains de Vanves, placés au sud-ouest de Paris, se trouve d'ailleurs applicable à Montrouge, situé en plein sud, aux portes de la capitale.

Agrandissement du cimetière actuel d'Ivry.

(Plan n° 4.)

VII. — Ainsi que l'indique le plan n° 4, on ne peut obtenir un agrandissement de plus de 11 hect. 70 en faveur du cimetière actuel d'Ivry, à cause du voisinage des propriétés bâties.

Ce terrain d'ailleurs, ainsi qu'on l'a déjà indiqué, n'est pas très-éloigné de la Seine, qui reçoit ses eaux d'infiltration. Si un cimetière temporaire y semble tolérable, sans grave inconvénient, il peut y avoir un sérieux danger, au point de vue de la salubrité, à établir sur ce point un vaste champ d'inhumations permanentes.

La surface à acquérir, de 11 hect. 70 (voir la note n° 4), coûterait. . . . . 468,000 fr.

Les travaux d'appropriation. 234,000

Total. . . . . 702,000 fr.

Terrain situé entre les portes de Bagnolet et de Montreuil.

(Plan n° 5.)

VIII. Il ne paraît pas possible de trouver, entre les portes de Bagnolet et de Montreuil, 30 hectares d'un seul tenant, comme le ferait supposer l'indication fournie par MM. Riant et Lerc; mais on peut trouver trois emplacements donnant :

Le n° 1. . . . . 12 hect. 80
Le n° 2. . . . . 9 hect. 80
Le n° 3. . . . . 23 hect. 70

ainsi que l'indique le plan n° 5.

Le n° 1 et le n° 2 n'ont pas une surface suffisante pour qu'on puisse s'y arrêter, et ils sont forcément limités, d'une part, par les ouvrages militaire, de l'autre, par les centres habités.

Le troisième emplacement, plus considérable, présente des difficultés d'accès qui en rendent l'usage difficile. Il se trouve d'ailleurs, pour partie, dans le voisinage de l'établissement militaire dit Fort de l'Épine, et longe presque entièrement, à une distance de 200 mètres, le village très-important de Bagnolet.

Si ces difficultés ne paraissaient pas de nature à faire repousser le choix des terrains dont il s'agit, il faudrait tenir compte de la dépense, qui s'élèverait, pour 46 hect. 30 (voir le tableau n° 5), à. . . . . 2,424,000 fr. et pour les travaux, à raison de 30,000 fr. l'hectare, à cause des excavations, à. 1,389,000

Total. . . . . 3,813,000 fr.

Pantin et Prés-Saint-Gervais. Ancienne Seigneurie et terrains adjacents.

(Plans nᵒˢ 6 et 7).

IX. — On peut trouver, au lieu dit l'Ancienne Seigneurie de Pantin, une surface de 25 hectares ; mais ces terrains sont placés, pour la majeure partie, dans la grande zone du fort de Romainville et, par conséquent, dans une situation analogue à celle des autres emplacements exposés au *veto* de l'autorité militaire.

Le projet d'un cimetière, sur ce point, ne manquerait pas, d'ailleurs, de rencontrer une vive résistance de la part des habitants, qui s'opposeraient à la création d'un vaste champ d'inhumation, placé au centre de trois agglomérations très-importantes, dont il arrêterait complétement le développement.

On retrouverait aussi les mêmes difficultés d'accès qu'à Bagnolet, les seules voies possibles étant celles qui traversent Pantin, ou les Prés-Saint Gervais, voies étroites, sinueuses et rapides.

L'enquête donnerait donc certainement naissance à de nombreuses protestations, devant lesquelles il faudrait s'arrêter.

X. — On pourrait trouver dans la plaine de Pantin, en dehors de la zone du fort d'Aubervilliers, sur les territoires de Pantin et de Bobigny, un vaste terrain nu, sans chemins importants et qui présente, en un seul tenant, une surface de 113 hectares.

Malheureusement, la nappe souterraine des eaux se trouve, dans ce terrain, presque à fleur du sol, ce qui le rend complétement impropre aux inhumations.

Il y a donc lieu, par ce motif, de le repousser absolument.

Aubervilliers. — Saint Denis.

(Plans 8 et 9).

XI. — Les localités désignées à Aubervilliers et Saint-Denis présentent une surface de 50 hectares, en deux parties :

L'une de 30,
L'autre de 20.

Ces localités sont aussi, comme les précédentes, déjà couvertes d'u-sines de la plus grande importance (Succursale de Saint-Gobain, Fabriques de bougies, Magasins généraux, etc.)

Le cimetière proposé rencontrerait donc une opposition considérable et motivée.

A raison même de l'affectation des terrains à l'usage d'usines, le prix en a, depuis quelque temps, atteint une grande élévation relative, puisque, *sur plusieurs points, même depuis* 1871, certains terrains n'ont pas été ven-dus moins de 12 et 14 francs, quelques-uns au delà de 20 francs le mètre. La dépense serait donc très-considérable.

Enfin, la nappe d'eau, plus profonde qu'à Pantin, ne l'est pas assez pour que les eaux ne soient pas infectées, et ne portent pas des miasmes putrides dans les puits de la ville de Saint-Denis, vers laquelle elles se dirigent.

Ces emplacements doivent donc être absolument proscrits, pour l'éta-blissement d'un cimetière.

Agrandissement du Cimetière de Saint-Ouen. — Parc de Saint-Ouen

(Plans n° 10 et 10 bis.)

XII. — Autour du cimetière actuel de Saint-Ouen, on ne trouverait que 8 hectares 6 ares, et non les 20 hectares signalés par MM. Riant et Leclerc. On ne peut s'étendre davantage, parce qu'on est arrêté, d'un côté, par l'embranchement projeté de la ligne du Nord sur Saint-Ouen, de l'autre, par une usine de produits chimiques, récemment agrandie et difficile à déplacer.

Il y aurait, de plus, nécessité de détourner le chemin des Pois-sonniers.

Le cimetière actuel de Saint-Ouen, établi comme champ d'inhuma-tions provisoires, présente à peu près les mêmes inconvénients que les emplacements ci-dessus indiqués; il paraît donc peu rationnel de l'agrandir et de lui donner un caractère définitif.

L'accroissement de surface ne pourrait pas, d'ailleurs, être consi-dérable.

---

1. La ville possède déjà, sur ce point, en dehors du cimetière actuel, 1 hect. 78 ares.

La surface de 6 hect. 82 ares', à acquérir, reviendrait du reste (voir l'estimation n° 10) à. . . . . 409.200 fr.

Le déplacement du chemin des Poissonniers, sur 500 mètres de longueur, exigerait une dépense de 75.000

Les travaux sur 8 hect. 86 ares, à 20,000 francs, coûteraient 177.200

Total. . . . . 661.400 fr.

XIII. — Si l'on songeait à affecter le parc de Saint-Ouen à un cimetière, on obtiendrait, de ce chef, une surface de 23 hect. 55 ares; mais ce cimetière serait *immédiatement* entouré, de deux côtés, par le village de Saint-Ouen, et à une distance de 100 mètres seulement de la Seine, en opposition, par conséquent, avec la loi qui a déterminé la zone neutre à maintenir entre les habitations et les cimetières.

La dépense pour ce terrain (voir le tableau n° 10) ne s'élèverait pas à moins de. . . . . 2.826.000 fr.

et les travaux, les murs étant déjà faits, pourraient ne coûter environ que. 400.000

Total. . . . . 3.226.000 fr.

La surface utilisable devrait probablement se réduire à 15 hectares, afin d'être suffisamment éloignée des habitations de Saint-Ouen.

Enfin, comme il faudrait exproprier un immeuble d'agrément, on ne sait à quel chiffre le jury pourrait fixer la valeur d'une semblable dépossession.

Arcueil Cachan

(Plan n° 11)

XIV. — On a proposé, en dernier lieu, un emplacement de 82 hectares, sur le territoire d'Arcueil-Cachan. Sur cette surface, 39 hectares *seulement* pourraient être affectés à un cimetière.

Le surplus, pour la plus grande partie, est submersible à deux ou trois reprises, chaque année.

La proximité des villages d'Arcueil-Cachan et de Bourg-la-Reine, le premier très-industriel, le second plein d'habitations bourgeoises, serait, de plus, une cause d'opposition sérieuse, dont il y a lieu de se préoccuper.

Enfin, ce terrain, situé à plus de quatre kilomètres des fortifications de Paris, se trouve par conséquent trop éloigné.

Récapitulation de la dépense des cimetières périphériques.

XV. — Il résulte de cette étude sommaire, qui sera complétée par le rapport technique de notre collègue M. Belgrand que, parmi tous les emplacements désignés, il n'en existe aucun qui ne présente les plus graves inconvénients, au point de vue de la salubrité. La surface qu'on pourrait acquérir, si cette considération capitale de la salubrité, c'est-à-dire du respect de l'existence des vivants, n'arrêtait pas l'Administration, s'élèverait d'ailleurs à. . . . .   208 hectares
qui coûteraient, achats et travaux, au moins. . . . .   15.188.042 fr.

2° ÉTUDE D'UN DEUXIÈME CIMETIÈRE DESSERVI
PAR UNE VOIE FERRÉE

Cimetière du Sud desservi par une voie ferrée.

XVI. — Le résultat de cette étude sur les chemins périphériques paraît les condamner. Il faut dès lors, pour répondre au programme posé par M. le Préfet, rechercher un emplacement propre à l'établissement d'un second cimetière, analogue à celui de Méry, qui desservirait principalement la partie de la population la plus éloignée de la gare mortuaire du cimetière Montmartre, point de départ de la ligne du Nord. Ce cimetière doit, par conséquent, être placé au sud de Paris, à proximité d'un chemin de fer existant, si l'on ne veut pas assumer les charges de la construction d'une voie ferrée.

Le seul chemin existant dans le sud de Paris est la ligne d'Orsay et Limours, appartenant à la Compagnie d'Orléans, avec laquelle nous sommes assuré qu'il serait facile de traiter pour le transport des trains mortuaires, si le principe du deuxième cimetière était admis. La Compagnie, en effet, paraît disposée à accepter les mêmes bases que celle du Nord.

Les études faites indiquent qu'on ne trouve aucun terrain assez vaste et assez convenable, au point de vue des inhumations, si ce n'est à douze ou quinze kilomètres, distance suffisante pour que les exhalaisons d'un grand cimetière ne puissent pas agir sur la salubrité de Paris, même sous l'action d'un vent violent, soufflant du sud.

On rencontre dans ces conditions, immédiatement au delà d'Antony, à côté de la ligne du chemin de fer et à la limite du département, un vaste terrain nu, qui s'étend à la fois sur le territoire des communes de Massy (Seine) et de Wissous (Seine-et-Oise), et qui n'a pas moins de 307 hect. 70.

Les conditions géologiques de ce terrain sont assez favorables aux inhumations. On trouve bien quelques parties du sous-sol contenant de l'argile et des glaises vertes, mais, en général, à une profondeur bien plus grande que celle des fosses. Le sol, recouvert immédiatement par une couche de terre végétale, d'une épaisseur moyenne d'un mètre, est formé de silex, de gravier et de marne, ce qui suffit pour la prompte consomption des corps et l'absorption des miasmes. Les eaux, d'ailleurs, s'écoulent dans la Bièvre, qui est déjà infecte par d'autres causes, et qui ne peut être considérée, dans le département de la Seine, que comme un véritable égout. On sait, du reste, que les eaux de la Bièvre ne sont plus versées dans la Seine, à Paris, mais jetées dans l'égout collecteur qui les porte au loin.

La surface de ce vaste terrain (voir l'estimation et le plan n° 12), ne coûterait que. . . . .   1.890.060 fr.

Les travaux de clôture et d'appropriation du sol, ainsi que les édifices nécessaires pour employer, comme champ d'inhumation, une première surface de 100 hectares (qui suffirait pour plus de douze années), coûteraient, à raison de 12.000 fr. l'hectare, base résultant des projets étudiés pour Méry. . . . .   1.200.000 fr.

La dépense totale, pour créer le cimetière de Wissous et l'exploiter, sur une surface de 100 hectares, s'élèverait donc à. . . . .   3.090.060 fr.

Si cet emplacement était adopté, il paraîtrait utile de modifier les limites des deux départements de la Seine et de Seine-et-Oise, pour que la clôture du cimetière, du côté de Wissous, devînt la ligne séparative des deux départements.

XVII. — On avait proposé à l'Administration de placer le cimetière du Sud sur un vaste plateau de 230 hect., situé dans la commune de Chevilly, à 12 kilomètres de Paris, et des deux côtés de la route nationale n° 7. Le cimetière aurait été desservi par un tramway.

Nous avons déjà indiqué, au début de ce rapport, qu'un tramway à traction de chevaux ne peut donner les avantages que procure un chemin de fer, au point de vue des transports, de l'économie et de la rapidité, à moins d'employer la vapeur, auquel cas le tramway devient un véritable chemin de fer. Chevilly aurait donc, comparativement à Wissous, le désavantage d'exiger les frais de l'établissement d'un chemin de fer spécial.

Mais un grand cimetière, établi près de Chevilly, aurait l'inconvénient bien plus grave de nuire à la dérivation de la Vanne et de compromettre la salubrité des eaux de la Seine. Il résulte des renseignements fournis à ce sujet par M. l'inspecteur général Belgrand, que le plateau situé entre la Bièvre et la Seine renferme, au-dessous de la couche de terre végétale et d'une deuxième couche de marne grise avec meulière, une couche de marne verte, analogue à celle de Montmartre. Cette couche arrête toutes les eaux qui s'infiltrent à la surface, et soutient ainsi une nappe d'eau souterraine, qui alimente toutes les sources du pays, au nombre desquelles se placent les sources captées par l'aqueduc d'Arcueil. Enfin, cette nappe d'eau est traversée par l'aqueduc de la Vanne, qui sillonne le plateau de Chevilly sur sa plus grande largeur. Un grand cimetière, construit près de Chevilly, donnerait par conséquent lieu à des infiltrations putrides, qui pourraient pénétrer dans l'aqueduc de la Vanne, atteindraient, en outre, la Seine à la hauteur de Choisy-le-Roy et se mêleraient enfin aux eaux d'Arcueil distribuées aux habitants de Paris comme eau potable.

L'emplacement de Chevilly ne saurait donc être accepté.

XVIII. — Des considérations d'une autre nature ne permettent pas d'accueillir les propositions qui ont été faites pour établir le second cimetière, soit à Blanc-Ménil, soit à Nanterre, sur un emplacement désigné par M. le conseiller municipal Mallet. Les cimetières, ainsi placés, auraient d'abord l'inconvénient de se trouver au nord de Paris, c'est-à-dire du côté de Méry-sur-Oise, tandis qu'il importe, si l'on établit un second cimetière, de le placer au sud de Paris, afin de rendre le trajet plus court et le transport plus économique pour tous les habitants de la rive gauche.

La nature argileuse du sol, à Blanc-Ménil, constitue d'ailleurs un obstacle grave au choix de cette localité.

Quant à Nanterre, il ne paraît pas possible d'affecter la totalité du terrain désigné (voir le plan n° 13), qui comprend 821 hect. 08, à l'établissement d'un cimetière; et cela, parce que la commune de Nanterre, qui compte

4,000 habitants, dont une grande partie sont cultivateurs, se verrait privée de plus des trois quarts de son territoire.

On peut, il est vrai, diviser ce terrain : mais une première partie, subdivisée en quatre sections, d'une contenance totale de 348 hect. 21 ares, doit être écartée, à raison de sa position basse, en bordure de la Seine, et à 8 mètres en moyenne au-dessus du niveau de la rivière. De plus, le sol en est très-perméable, étant composé de 0^m30 de terre végétale et, pour le surplus, de sable, gravier et cailloux.

Ce terrain partiel est traversé par les deux lignes ferrées de Rouen et de Saint-Germain, et le chemin de grande communication n° 6, de Nanterre à Saint-Denis. D'autre part, il contourne vers le nord, à 250 mètres en moyenne, une des parties les plus peuplées du village de Nanterre.

Il y aurait encore à tenir compte de la nouvelle maison départementale de répression, située dans ce périmètre, ainsi que de trois usines importantes (Fabrication de produits chimiques et de bougies).

La seconde partie de ce terrain, qui comprend 372 hectares, contourne également, à l'est, le village de Nanterre, jusqu'à la place de la Demi-Lune.

Elle comprend dans son enceinte un assez grand nombre de constructions, dont plusieurs sont assez considérables.

En l'affectant à un cimetière, il faudrait supprimer l'exploitation importante des carrières et les deux voies de communication de Nanterre à Courbevoie. Une considération hydrologique de la plus haute importance s'ajoute à toutes celles qui précèdent : les eaux de la plaine de Nanterre s'écoulent dans la Seine vers le point où est établie la machine de Marly, qui alimente Versailles. On risquerait donc d'infecter les pièces d'eau du parc et les fontaines de la ville.

Enfin, nous croyons que la plus grande partie de l'emplacement proposé a été acquis, sous forme de promesse de vente, par une société anglaise, en vue de la création d'un groupe d'habitations et de divers établissements de sport, analogues à ce qui a été fait au Vésinet. Il y aurait donc, indépendamment des autres inconvénients signalés, à redouter une dépense considérable.

Ces divers emplacements écartés, il ne reste plus que les terrains désignés à Wissous et à Massy, si l'on veut établir un second cimetière sur la rive gauche.

3° EMPLACEMENT DES GARES MORTUAIRES DE PARIS

XIX. — Pour que les deux cimetières établis au nord et au sud de Paris, à une distance qui ne les rend accessibles que par des chemins de fer, n'imposent pas à la population des pertes de temps trop considérables, il importe que le trajet des convois ou des personnes, à partir de l'église, du temple, de la synagogue ou du domicile, ne soit pas trop considérable.

La distance moyenne, des arrondissements aux cimetières qui les desservent e ourd'hui de 3,400 mètres. Quelques arrondissements, le 1ᵉʳ, le 4ᵉ, le 5ᵉ et le 14ᵉ sont situés à près de 6 kilomètres des cimetières affectés aux inhumations de leurs morts. Il paraît donc indispensable d'établir des gares mortuaires, en quantité suffisante pour rester au-dessous des parcours moyens actuels, de manière à ne pas dépasser 3 kilomètres. Or, il résulte des courbes tracées sur un petit plan d'ensemble, joint au dossier (sous le n° 14), que les trois grands cimetières de Paris, où la population a l'habitude de se rendre, forment les centres de cercles de 3 kilomètres de rayon, qui atteignent tous les points habités et tous les édifices religieux de Paris, sauf ceux qui sont situés dans le 16ᵉ arrondissement et dans une partie des quartiers des Ternes, des Champs-Élysées, de Grenelle et de Javel.

La conséquence de ce qui précède, c'est qu'il faut établir à Paris quatre gares mortuaires :

La première, déjà adoptée en principe par l'Administration et par la Commission du Conseil municipal, au cimetière Montmartre;

La seconde, au cimetière Montparnasse ou à proximité, en se rapprochant de la gare de Sceaux ;

La troisième, au cimetière du Père-Lachaise ;

La quatrième, dans le 16ᵉ arrondissement, près de la ligne d'Auteuil.

La première gare, ainsi que l'indique la notice du plan n° 14, desservirait les 1ᵉʳ, 2ᵉ, 9ᵉ, 10ᵉ et 18ᵉ arrondissements, ainsi que le 8ᵉ, sauf le quartier des Champs-Élysées, le 17ᵉ, moins le quartier des Ternes et les quartiers de la Villette et de Flandre, appartenant au 10ᵉ arrondissement.

La seconde recevrait les convois provenant des 5ᵉ, 6ᵉ, 7ᵉ, 13ᵉ et 14ᵉ arrondissements, ceux du 15ᵉ, sauf les quartiers de Grenelle et de Javel.

La troisième serait destinée aux inhumations des 3ᵉ, 4ᵉ, 11ᵉ, 12ᵉ et

20ᵉ arrondissements et du 19ᵉ, sauf les quartiers de la Villette et de Flandre.

Enfin, la quatrième, à Passy, serait destinée à la totalité du 16ᵉ arrondissement et aux quartiers de Grenelle, de Javel, des Ternes et des Champs-Élysées.

Le problème à résoudre consiste donc à faire choix des meilleurs emplacements pour ces quatre gares, et à les relier ensuite par le trajet le plus direct, soit à Méry, soit au cimetière de Wissous.

Gare de Montmartre et ligne directe sur Méry.

XX. — Les solutions relatives à la gare de Montmartre et à ses communications avec Méry, ont été déjà données par l'Administration et par l'honorable rapporteur du Conseil municipal. Elles consistent à suivre d'abord l'embranchement de Saint-Ouen et à emprunter le chemin de fer du Nord, entre le raccordement de cet embranchement avant Saint-Denis et la station d'Herblay, près de Méry. Mais des objections ont été faites, surtout au sujet de la portion comprise avant Saint-Denis. Sur cette portion, en effet, il existe un transit considérable, et l'on paraît craindre qu'il soit difficile d'y installer, dans des conditions suffisantes de rapidité, de sécurité et de bon service, les convois se rendant au cimetière de Méry. On reconnaît toutefois, assez généralement, qu'entre Saint-Denis et Pontoise la circulation n'est pas assez considérable, pour qu'on craigne d'y ajouter celle qui résultera du service des cimetières. On ne redoute d'inconvénients sérieux que dans la partie comprise entre Paris et Saint-Denis.

Ces préoccupations tiennent à une erreur : on croit généralement que la gare du chemin de fer du Nord, à Paris, n'a qu'une tête commune pour desservir les trois directions de Pontoise, de Creil et de Soissons. Il existe, en fait, trois lignes complétement distinctes, sans croisement et sans rencontre possible, grâce aux travaux remarquables exécutés par les ingénieurs de la Compagnie du Nord, lesquels ont acquis, auprès de tous les constructeurs de chemins de fer, une célébrité méritée par l'habileté déployée dans la solution d'un problème aussi difficile.

Ainsi, la ligne de Pontoise, — qui serait empruntée par les trains se dirigeant sur Méry, à partir de l'embranchement de Saint-Ouen, bien après la bifurcation de la ligne de Soissons, — est composée de deux voies parfaitement libres, qui peuvent suffire à un nombre de trains aussi considérable que celui du chemin de fer de Versailles, les jours de grandes eaux. Or, ce dernier chemin n'a également que deux voies.

Quoi qu'il en soit, pour répondre aux vœux émis par quelques membres du Conseil municipal, nous avons fait étudier, en vue d'éviter Saint-Denis, le projet d'un chemin de fer entre Saint-Ouen et Épinay.

Ce projet complet, étudié avec beaucoup de soin par M. l'ingénieur Bernard (plan n° 15), exige des dépenses assez considérables, à cause de l'obligation de passer au-dessus de toutes les voies qu'il traverse, de franchir deux fois la Seine et l'ile Saint-Denis, au moyen de trois ponts, et de couper la plaine de Gennevilliers, dans une partie peu élevée au-dessus du niveau de la Seine, ce qui exigera, pour effectuer des remblais un peu importants, soit des chambres d'emprunt vastes et très-coûteuses, soit la substitution de dragages dispendieux aux déblais ordinaires.

Le chemin partirait de la courtine 40 et 41 des fortifications, suivrait, au début, la ligne de Saint-Ouen, et s'élèverait, au lieu de s'abaisser comme cette dernière, afin de passer au-dessus de la route de la Révolte. La ligne rejoindrait le chemin de fer du Nord à la station d'Épinay.

La dépense est évaluée, par M. Bernard, à la somme de 4,340,000 fr. pour un parcours de 7 kilomètres, soit 620,000 fr. par kilomètre.

Cette dépense n'aurait d'autre résultat que de raccourcir de quelques kilomètres, et par conséquent de quelques minutes, le trajet de Méry. Elle serait excessive dans ce moment, en vue du résultat à obtenir ; mais elle pourrait devenir nécessaire plus tard, si le développement de Saint-Ouen rendait ultérieurement insuffisante la ligne qui dessert cet important centre industriel. Mais, dans ce cas, c'est à la Compagnie du Nord qu'il appartiendrait de construire le chemin, à ses frais. Nous ne croyons pas qu'il y ait lieu de s'occuper davantage de cette ligne aujourd'hui ; l'excellente étude de M. l'ingénieur Bernard n'est, pour le moment, qu'un document précieux en vue de l'avenir.

Gare du Cimetière Montparnasse et ligne du chemin de fer de Wissous.

XXI. — La gare du cimetière Montparnasse est naturellement la tête de la ligne qui desservirait le cimetière de Wissous. Cette gare pourrait également être réunie, si on le jugeait nécessaire dans l'avenir, au chemin de fer de Ceinture, et, par conséquent, à la ligne de Méry qui se raccorde, ainsi qu'on l'a vu, avec la ligne de ceinture, par l'embranchement de Saint-Ouen. Mais l'étude principale, qui doit être suivie d'une exécution immédiate, si le cimetière de Wissous est adopté, est celle qui relieı a la gare avec la ligne d'Orsay. Ce raccordement, qui paraît simple au premier coup d'œil présente de grandes difficultés et sera très-coûteux : d'abord, à cause du croisement de nombreux égouts, des conduites d'eau de la Vanne et du chemin de fer de Ceinture, ensuite, à raison du matériel spécial, des courbes à faible rayon et de la largeur des voies du chemin de fer d'Orsay (2ᵐ50), qui ne sont pas en usage sur les autres chemins de fer.

Il faut donc, à moins d'employer le matériel spécial en service sur le chemin de fer d'Orsay, poser un rail de plus sur tout le parcours jusqu'à Massy, et refaire certaines parties du chemin, dont les courbes ne se prêtent pas à l'exploitation avec le matériel ordinaire. ·

M. l'ingénieur Couche, qui a étudié en détail les projets de cette partie du réseau, se plaçant dans cette hypothèse, suppose que les embranchements, à établir par la ville de Paris, seront faits avec la largeur des voies ordinaires (c'est-à-dire 1ᵐ44 entre rails), et qu'on posera un troisième rail sur chaque voie du chemin de fer d'Orsay, de manière à permettre la circulation des divers genres de matériel. Une deuxième voie serait posée de Bourg-la-Reine à la bifurcation de la ligne du cimetière de Wissous, cette partie de la ligne d'Orsay ne possédant actuellement qu'une voie. Enfin, la courbe qui suit la gare de Bourg-la-Reine, et qui est d'un trop petit rayon, serait refaite. On adopterait un nouveau tracé, pour permettre le passage du matériel ordinaire.

La gare mortuaire de Montparnasse serait prise, en grande partie, sur la portion très-large du boulevard d'Enfer, qui longe le cimetière de Montparnasse (voir le plan n° 16). La voie entrerait immédiatement en souterrain, de manière à passer sous la place d'Enfer et sous le plateau central de l'avenue projetée de Montsouris, où elle pourrait être établie, en partie, à ciel ouvert. Elle s'infléchirait, sur la gauche, en entrant dans le parc de Montsouris, de manière à pouvoir se raccorder avec la ligne de Ceinture, si ce raccordement devenait un jour nécessaire, et à traverser les fortifications dans une courtine, à un point assez distant de l'angle du bastion, pour ne pas soulever d'opposition de la part du génie militaire. Le raccordement de la ligne d'Orsay se ferait à 3,000 mètres des fortifications, au chemin de Montrouge à Gentilly. Enfin, l'embranchement du cimetière de Wissous se détacherait de la ligne d'Orsay, à un kilomètre au delà d'Antony, et aurait un développement de 1,400 mètres, jusqu'à l'entrée de ce cimetière. ·

Les dépenses de cet ensemble de tracé sont estimées, par M. l'ingénieur Couche (non compris les bâtiments de la gare d'arrivée, déjà évalués dans l'estimation des travaux du cimetière) à 4,670,000 francs, ainsi décomposés :

Gare de départ	450.000 fr.
Embranchements de départ	3.150.000
Deuxième voie à poser	200.000
Pose d'un troisième rail	250.000
Rectification de Bourg-la-Reine	100.000
Embranchement d'arrivée à Wissous (plan n° 17)	520.000
Total égal	4.670.000 fr.

XXII. — Cette dépense est très-considérable. On peut l'éviter, en grande partie, en adossant à la gare de Sceaux, dont elle serait isolée absolument par un mur élevé, une gare spéciale mortuaire, qui aurait son entrée sur la rue de la Tombe-Issoire, au débouché du boulevard Saint-Jacques. La dépense de la gare ainsi établie, et des deux raccordements, ne s'élèverait plus qu'à 1 million de francs.

Cette gare étant établie à un niveau beaucoup plus rapproché de celui de la gare actuelle, il n'y aurait alors qu'à acheter quelques immeubles sans valeur et à poser les voies de raccordement. Dans cette hypothèse, on ferait usage du matériel spécial de la ligne d'Orsay, ce qui éviterait la pose de la deuxième voie et la rectification de Bourg-la-Reine.

Si respectable que soit le sentiment au nom duquel on tient à placer les gares mortuaires dans les anciens cimetières, on peut se demander si cette condition est de celles qu'il faut remplir à tout prix. Nous n'hésitons pas, quant à nous, en présence des avantages matériels de la dernière solution, à proposer de l'adopter.

Le projet plus complet, de la gare adossée au cimetière de Montparnasse et du chemin de fer de raccordement sous l'avenue de Montsouris, pourra être repris plus tard, s'il est donné suite au vote du Conseil général qui a décidé la création d'une ligne métropolitaine dans cette direction.

XXIII. — Pour terminer l'étude de cette partie du réseau des voies d'accès aux nouveaux cimetières, nous croyons devoir ajouter que le raccordement de la ligne de Montparnasse avec la ligne de Ceinture, pour le cas où l'on voudrait dans l'avenir relier ce point de départ à la ligne de Méry, coûterait, pour une seule voie. . . . . 1.300.000 fr.

Pour deux voies. 1.540.000

Gare du Père-Lachaise et raccordement avec la ligne de Méry

XXIV. — Le cimetière du Père-Lachaise étant traversé par le chemin de fer de Ceinture, la meilleure solution, pour relier la gare mortuaire à la ligne de Méry, consisterait à rattacher cette gare au chemin de Ceinture, qu'on emprunterait jusqu'à l'embranchement de Saint-Ouen, auquel on le raccorderait.

Nous supposions, il y a quelques mois, que le mode de réunion de la gare du Père-Lachaise à la voie de Méry rencontrerait peu d'empressement de la part du Syndicat qui administre le chemin de fer de Ceinture, à cause du trafic très-grand que reçoit actuellement ce chemin. Mais ce trafic est appelé à disparaître, en très-grande partie, entre le Père-Lachaise et la gare de l'Ouest, à Clichy ; d'abord, par suite de la création de la grande gare de triage de la Compagnie du Nord, dans la plaine de Saint-Denis ; puis, par l'établissement, projeté par la Compagnie, des voies qui mettront cette gare en communication avec Saint-Ouen, d'une part, et la gare de l'Est, à Pantin, d'autre part, et enfin par l'ouverture de la ligne de jonction que la Compagnie de l'Ouest demande à établir, pour réunir sa gare de Clichy à Saint-Ouen. Il y a là, sans parler du chemin de fer de grande Ceinture, actuellement à l'étude, tout un réseau qui supplée à la ligne actuelle de Ceinture, entre Pantin et Clichy, et qui doit lui enlever à peu près tout son trafic.

Les conférences officieuses que nous avons eues à ce sujet, avec la Direction du chemin de fer de Ceinture, nous laissent l'espoir fondé que le Syndicat consentira à prêter ses lignes, à des conditions acceptables pour le transport des convois, entre la rue de Ménilmontant et l'embranchement de Saint-Ouen.

Dans cette combinaison, la gare serait placée, comme l'indique le plan n° 18, dans des terrains situés à l'extrémité ouest du cimetière du Père-Lachaise et libres en ce moment. Les convois y accéderaient par l'avenue Dufourmentel, et un escalier permettrait aux piétons de sortir directement sur le boulevard de Ménilmontant.

Le chemin de raccordement, qui aurait deux voies, serait établi en tunnel jusqu'à la rencontre de la ligne de Ceinture, un peu au-dessous du pont de Ménilmontant.

Quoique cet embranchement n'ait que 700 mètres de longueur, la dépense, y compris la gare, ne s'élèverait pas à moins de 1,330,000 fr., ainsi qu'il résulte du projet, très-bien étudié et très-complet, de M. l'ingénieur Loche. Cela tient d'abord à l'obligation d'établir la gare sur de grands remblais, de construire un tunnel de 400 mètres de longueur, et enfin d'acquérir des terrains et des immeubles, qui coûteraient 377,400 fr.

XXV. — Dans l'hypothèse très-peu probable d'un défaut d'entente avec le Syndicat du chemin de fer de Ceinture, nous avons étudié un raccordement direct par une ligne qui suivrait, en partie, les boulevards extérieurs.

L'étude faite par M. Loche (plan n° 19) consiste à suivre la direction indiquée dans le projet de chemin métropolitain sur les boulevards extérieurs, projet étudié par M. l'ingénieur Vauthier. Dans ce cas, la gare ne pourrait plus être placée dans l'intérieur du cimetière, où l'on ne saurait trouver une longueur suffisante pour l'établissement des voies, sans atteindre les concessions perpétuelles. La gare serait accolée au cimetière, en empruntant une partie du boulevard Ménilmontant, qui est très-large et très-peu fréquenté sur ce point.

La gare et la partie du chemin, jusqu'à la rue de la Chapelle, coûteront 5,700,000 francs.

A partir de cette voie ferrée, on peut prendre deux directions (plan n° 20).

Le premier tracé consisterait à entrer en souterrain sous le boulevard Ornano, pour aller sortir au delà des fortifications et se raccorder à la ligne du Nord. Ce tracé, qui aurait l'avantage de pouvoir être emprunté dans toute la largeur du boulevard Ornano, par la branche du Métropolitain se dirigeant vers les Halles, aurait le grave inconvénient de coûter fort cher. L'estimation de M. l'ingénieur Bernard ne s'élève pas à moins de 22,600,000 francs.

Le second tracé, au contraire, à partir de la rue de la Chapelle, serait établi sur les boulevards extérieurs, partie en tranchée, partie en souterrain, jusqu'à la rue Lepic, où la voie, s'infléchissant à droite, traverserait en souterrain le cimetière Montmartre pour aboutir à la gare de Méry, qui doit être placée dans ce cimetière. La dépense, beaucoup moins considérable, s'élèverait cependant encore à 7 millions ; mais la ligne, établie ainsi sur les boulevards extérieurs, depuis la place Blanche jusqu'au boulevard de Charonne, pourrait être utilisée pour un service de voyageurs assez important.

Quoi qu'il en soit, ces deux solutions sont beaucoup trop coûteuses, en vue du résultat à obtenir pour le service des inhumations, et il faut s'arrêter au raccordement par la ligne de Ceinture, entre la rue de Ménilmontant et l'embranchement de Saint-Ouen, qui ne coûte que 1,330,000 francs.

Gare du XVI° arrondissement.

XXVI. — La gare du 16° arrondissement doit nécessairement être placée à côté de la ligne d'Auteuil. En effet, les convois mortuaires qui emprunteront cette ligne, ainsi que le tronçon de la ligne de Ceinture — destinée à voir disparaître son trafic entre Clichy et l'embranchement de Saint-Ouen, — devront pouvoir aboutir, sur ce point, à la ligne de Méry.

Nous n'indiquons que pour mémoire un raccordement en sens inverse, par le chemin de Ceinture, rive gauche, avec la ligne de Sceaux, pour aller à Wissous. Cette direction donnée aux convois ne serait possible que dans l'hypothèse du raccordement de la ligne de Ceinture avec celle de Sceaux, tel que l'a étudié M. l'ingénieur Coucho, et dont le tracé, ainsi que la dépense, ont été indiqués dans le paragraphe relatif au chemin de fer se dirigeant sur le cimetière de Wissous.

M. l'ingénieur Rousseau a étudié quatre emplacements (voir le plan n° 21) pour la gare mortuaire du 16° arrondissement.

Dans le premier projet, la gare serait placée à côté du cimetière d'Auteuil et se relierait, par un viaduc, à la ligne de Ceinture. Cette gare et son raccordement coûteraient 1,000,000 fr. L'emplacement serait, d'ailleurs, le moins central pour le territoire à desservir (voir le plan n° 14). Le raccordement avec la ligne de Ceinture ne pourrait s'opérer que dans le sens de Méry, et il faudrait rebrousser chemin, si les trains mortuaires devaient se diriger sur Wissous.

Le second projet consistait à placer la gare mortuaire, en l'isolant complétement, à côté de la gare des voyageurs d'Auteuil, du côté de la rue Militaire, où serait située l'entrée principale. Pour rendre les raccordements possibles, il faudrait acquérir les cinq premières propriétés situées au-dessus de la gare, sur le boulevard Suchet, ce qui élèverait la dépense à 980,000 francs. Malgré ce chiffre encore élevé, cet emplacement aurait l'avantage de donner des accès faciles aux convois et de rendre le service plus commode, par le voisinage d'une gare déjà importante et pourvue d'une réserve de voitures.

Le troisième projet consiste à placer la gare dans les terrains de l'établissement horticole de la ville de Paris, qui est connu sous le nom de *Fleuriste*, et qui doit disparaître de ce point, pour être transporté dans le

Parc des Princes, à Boulogne. La gare mortuaire serait placée à l'est du chemin, et l'on y accéderait par la rue de la Tour prolongée. Elle serait établie en déblai, au niveau de la voie ferrée de la ligne d'Auteuil. La dépense (non compris la valeur des terrains qui appartiennent à la Ville) s'élèverait à 460,000 francs.

Cet emplacement est le plus central. Il permettrait l'établissement d'une gare jumelle pour les voyageurs, gare réclamée avec instance par les habitants de l'arrondissement, à cause du voisinage de la nouvelle mairie.

Dans le quatrième projet, la gare mortuaire serait placée au bout de la rue de Longchamps, près de la station de la porte Dauphine, ce qui aurait l'avantage de permettre d'avoir un seul personnel pour les deux gares voisines, comme au *Fleuriste* et à Auteuil. La dépense d'ailleurs ne s'élèverait qu'à 820,000 francs. Ce dernier emplacement aurait toutefois l'inconvénient de n'être pas central, et d'imposer un parcours considérable aux convois venant d'Auteuil, de Javel et de Grenelle.

La Compagnie de l'Ouest, consultée sur ces divers projets, a admis le principe de l'établissement des gares et du transport des convois sur ses lignes, dans des conditions à débattre; mais elle n'a pas encore terminé ses études sur les emplacements à déterminer pour les gares mortuaires. Il est est donc difficile de faire actuellement un choix définitif entre les quatre solutions proposées par M. l'ingénieur Rousseau.

L'Administration doit insister toutefois, pour que la préférence soit donnée au projet qui place la gare dans le *Fleuriste* de Passy, projet auquel on ne pourrait renoncer que si la Compagnie de l'Ouest y trouvait de sérieuses difficultés d'exploitation, à cause des pentes et de la courbe de la portion correspondante de la ligne d'Auteuil.

4° EXAMEN CRITIQUE DES SOLUTIONS PROPOSÉES

XXVII. — Nous sommes arrivés au terme des études prescrites par M. le Préfet, et nous pourrions laisser au chef de l'Administration et au Conseil municipal le soin de décider, en toute connaissance de cause, sur le meilleur parti à adopter. Mais, comme la solution préférable ne nous paraît pas douteuse, et que la préférence semble devoir être accordée au système développé dans ce rapport, lequel consiste à créer deux cimetières éloignés, l'un au nord, l'autre au sud, reliés par des chemins de fer à quatre gares mortuaires facilement et rapidement accessibles, il nous semble indispensable de continuer nos études, en vue de répondre aux critiques et aux protestations que le choix de Méry a suscitées.

XXVIII. — En premier lieu, les honorables auteurs du contre-projet soumis au Conseil municipal ont prétendu que le système des cimetières éloignés coûterait à la Ville 36 millions de capital, tandis que les cimetières périphériques n'exigeraient qu'une dépense de 11 millions 250,000 francs.

Pour établir une comparaison entre les deux systèmes, il faut se placer dans des conditions identiques et se borner, pour les centres éloignés, à savoir ce que coûtera la totalité des travaux à faire, non pas dans la surface de 1,200 hectares qu'on peut trouver à Méry ou à Wissous, mais bien dans les parties voisines des gares d'arrivée. Ces parties ont ensemble une superficie de 1,200 hectares, qui égale celle des cimetières périphériques, et pourrait suffire indéfiniment aux inhumations, dans le cas où les avantages accordés seraient les mêmes des deux côtés.

Ramenée à ses véritables termes, la comparaison des deux systèmes donne les résultats suivants :

Cimetières périphériques (voir le §XVI du rapport.　15.188.042 fr.

Cimetières éloignés. . . . .　8.880.960 fr.

Dépense qui se décompose ainsi :

Chemin de fer et travaux de la gare, ainsi que du cimetière de Méry, non compris les terrains à acheter, lesquels seront inutiles d'ici à plusieurs années (voir le rapport de M. Hérold) . . . .　4.000.000 fr.

Achat de terrains, travaux et établissement de l'embranchement de Wissous, dans le cas où l'on se contenterait, pour plusieurs années, d'une gare voisine de celle de Sceaux, et où l'on ne livrerait au service des inhumations que les 100 hectares les plus voisins du chemin de fer d'Orsay (§ XVI) . . . .　3.000.960

Gare et raccordement du Père-Lachaise, par le chemin de Ceinture (§ XXIV) . . . .　1.330.000

Gare et raccordement du 16ᵉ arrondissement avec la ligne d'Auteuil, emplacement du *Fleuriste* (§ XXVI) . . .　460.000

Total. . . . . . .　8.880.960 fr.

Nous ne croyons pas devoir examiner ici les charges annuelles ; ce sera l'objet d'une étude spéciale sur l'exploitation des lignes de chemin de fer, exploitation qui doit se solder très-rapidement par les produits qu'elle donnera.

XXIX. — Nous avons écarté des calculs comparatifs la dépense des cimetières provisoires, qui deviennent moins utiles s'il est créé deux cimetières au sud et au nord, à Wissous et à Méry ; et il est démontré qu'on peut, en deux ans, préparer, dans ces deux cimetières, des moyens suffisants d'inhumation pour toute la population parisienne.

XXX. — Il appartiendra à notre collègue, M. Pelletier, d'indiquer les dispositions qui devront être prises dans les nouveaux cimetières, sous le rapport du tarif à appliquer aux concessions et des conditions diverses auxquelles les inhumations devront être soumises. Cependant, on peut dégager des discussions antérieures quelques principes généraux qu'il importe de bien déterminer, afin d'arriver aux solutions à adopter pour l'exploitation des voies ferrées, sur laquelle nous sommes appelé à donner un avis.

En premier lieu, nous ne croyons pas qu'il convienne d'ajouter aux répugnances qu'éprouve la population pour les cimetières éloignés, en augmentant le prix des concessions, soit perpétuelles, soit temporaires.

Nous pensons, au contraire, qu'il convient d'accorder ces concessions selon les tarifs anciens, tout en portant la surface de la concession, pour un adulte, à 2^m75.

La durée des concessions temporaires devrait être fixée à quinze ans, peut-être même à vingt.

Quant aux inhumations gratuites, il faut renoncer à la tranchée et inhumer chaque corps dans un terrain de deux mètres, avec des isolements sur les quatre côtés, puis décider que le terrain ne sera pas repris avant dix ans, au moins. Tout cela est immédiatement réalisable. Si les successeurs de l'Administration actuelle trouvent des circonstances plus heureuses que celles que nous traversons aujourd'hui et qu'ils puissent rapidement étendre les travaux des cimetières de Wissous et de Méry sur tout le territoire destiné à ces vastes nécropoles, il sera possible de reculer la limite des reprises à quinze ou vingt ans.

XXXI. — Les principales objections que soulèvent les cimetières éloignés, reliés par des chemins de fer, se résument ainsi :

Les corps transportés sur un chemin de fer, et abandonnés dans des wagons-fourgons, ne seront pas traités avec le respect qu'exige la dépouille mortelle de l'homme.

La distance et la dépense des transports étant trop considérables, la population n'accompagnera plus les morts et ne visitera plus les cimetières.

Le produit que les fabriques retirent des pompes funèbres pourra être atteint par les charges que l'éloignement des cimetières imposera aux familles.

L'accumulation dans les gares mortuaires d'un grand nombre de convois funèbres présentera des inconvénients graves, au point de vue de l'ordre et de la salubrité.

Nous allons répondre à ces objections, tout en faisant remarquer qu'elles s'appliquent plutôt au projet primitif qu'au projet complet exposé dans le présent rapport.

Il nous paraît facile de démontrer que le projet complet, exposé dans la seconde partie de ce rapport, ne donnera plus lieu aux mêmes critiques et ne présentera plus les causes de répulsion qu'avaient soulevées les premières propositions, si l'Administration, comme c'est son devoir impérieux, organise les services de manière à offrir aux familles les garanties les plus complètes et s'impose, dans ce but, les sacrifices nécessaires, sans se montrer cependant inutilement prodigue des deniers municipaux.

XXXII. — La base d'une bonne organisation du service des cimetières éloignés repose, en entier, sur l'installation et la marche des trains des chemins de fer qui les desservent. C'est donc le premier point à examiner et à régler, pour répondre aux objections présentées contre les cimetières ainsi placés.

Pour régler ce service, il faut d'abord rechercher quel sera le nombre des trains partant de chaque gare mortuaire.

Le nombre des inhumations, dans Paris, s'est élevé dans l'année 1872, qu'on peut considérer comme normale, à 41,569, ce qui donne une moyenne de 114 convois par jour. En supposant que les convois se répartissent dans les quatre gares mortuaires, proportionnellement au chiffre de la population des quartiers qu'elles desservent, et en prenant les chiffres de recensement, tels qu'ils sont fixés par le décret du 31 décembre 1872, on trouve que les 1,851,792 habitants de Paris se répartissent, de la manière suivante, entre les périmètres assignés à chaque gare mortuaire.

Gare de Montmartre. . . . .   720.809 hab.
Gare du Père-Lachaise. 583.547
Gare de Montparnasse ou de Sceaux. 441.370
Gare du 16° arrondissement. 103.818

Le nombre quotidien des convois sera dès lors approximativement de :

45 convois pour la 1re gare.

36   —   2° —

27   —   3° —

6   —   4° —

Chaque train partant de ces gares pourra contenir 13 voitures[1], dont les unes seront affectées, en totalité, au transport des corps et des familles qui ne voudront pas s'en séparer, et les autres recevront les personnes invitées à la cérémonie funèbre, ainsi que celles qui désirent faire au cimetière un pieux pèlerinage. Pour calmer, en effet, l'une des plus vives inquiétudes que soulève la question du transport des morts en chemin de fer, nous croyons qu'il faut renoncer à l'idée de placer les corps dans des wagons-fourgons, où ils seraient forcément isolés des familles. Sauf les rares cas d'épidémie, qui justifieraient l'adoption de mesures exceptionnelles, il est bon que les familles ne soient pas séparées du cercueil qu'elles accompagnent, soit qu'elles occupent un compartiment attenant à celui qui renferme le corps, soit qu'elles prennent place dans les voitures correspondant à la classe des billets mis à leur disposition. Dans l'un et dans l'autre cas, il importe qu'elles soient complétement isolées, de manière à éviter tout danger d'erreur et de promiscuité. Il faut qu'elles puissent pleurer leurs morts à l'abri des regards indiscrets et dans le recueillement que recherche la vraie douleur.

On peut résoudre facilement le problème en faisant construire des wagons spéciaux divisés en un, deux ou trois compartiments[2]. Ces com-

---

1. Le nombre des voitures d'un train peut s'élever, réglementairement, à 24. Ce chiffre sera atteint, dans chacun des nombreux trains, qui pourront être mis en circulation, les jours de grande affluence.

2. Ces wagons, dont la construction et l'aménagement seraient calculés de manière à satisfaire à toutes les convenances, pourraient avoir de dix à douze mètres de longueur.

partiments seraient complétement séparés par des cloisons pleines, de manière à ce que chaque famille, quelle que soit la classe du convoi, dispose d'un espace isolé suffisant pour recevoir le cercueil sur un catafalque, avec des sièges pour huit ou dix personnes. Selon l'importance des classes et le prix du transport, les familles auraient droit soit à un wagon entier, soit à un wagon div'sé en deux ou trois compartiments. Les inhumations gratuites, ne donnant lieu à aucune rémunération pour le transport des corps et des personnes qui les accompagnent, jouiront néanmoins des mêmes avantages que les convois des dernières classes payantes.

Dans ces conditions, on peut admettre qu'un train de treize voitures pourrait contenir cinq wagons, portant les cercueils et les familles, et comprenant treize corps ; car le rapport entre les enterrements des trois premières classes, qui peuvent occuper un wagon entier, des trois secondes, qui prendraient un wagon divisé en deux compartiments, et des trois dernières, ainsi que des inhumations gratuites, qui prendraient un wagon divisé en trois compartiments, est représenté par les chiffres suivants :

Inhumations des trois premières classes en 1872 514,

Inhumations des trois secondes 6.342,

Inhumations des trois dernières et des gratuites 34.713,

ce qui donne une moyenne de treize catafalques par cinq wagons.

Six voitures, dont une de 1re classe, deux de 2e, trois de 3e, avec deux fourgons, compléteraient le train et serviraient à transporter les personnes qui accompagnent les morts et les visiteurs qui se rendent au cimetière, pour prier sur la tombe de ceux qui leur sont chers.

Le nombre des trains ainsi formés, partant de la gare de Montmartre, serait, sur les bases qui viennent d'être indiquées, de *quatre* par jour ;

La gare du Père-Lachaise fournirait *trois* trains ;

Celle de Montparnasse, *trois* trains ;

Celle du 16e arrondissement, *un* train.

Les compartiments les moins spacieux mesureraient encore près de quatre mètres de long, de manière à laisser, entre le corps et les personnes qui l'accompagnent, une distance suffisante. Les corps seraient placés dans un espace isolé et clos, attenant à chaque compartiment.

En supposant que la Ville puisse traiter, pour chaque train, au prix accepté par la Compagnie du Nord, les dépenses de la traction s'élèveraient :

De la gare de Montmartre à Méry, à 2 fr. 80 par kilomètre, quel que soit le nombre des wagons du train, pour 56 kilomètres, aller et retour et pour 4 trains, à . . . . 627 fr. 20

De la gare du Père-Lachaise à Méry, pour 72 kilomètres et 3 trains, à 604 80

De la gare de Sceaux à Wissous, pour 28 kilomètres et 3 trains, à 235 20

De la gare du XVIe arrondissement, pour 70 kilomètres et 1 train . . . . 196 »

Total par jour. 1.663 20

Et pour l'année. . . . . 607.068 fr.

A quoi il faut ajouter, pour le personnel et l'entretien des voies et des gares mortuaires à la charge de la Ville, environ. 400.000

Ce qui porterait la dépense totale annuelle de la traction et de l'entretien des chemins de fer des cimetières, à . . 1.007.068 fr.

XXXIII. — Pour se couvrir en partie de cette dépense annuelle, qui est considérable, la Ville n'aurait d'autres ressources que les prix de transport des cercueils, des familles et des voyageurs, sur les quatre lignes desservant ces deux cimetières, puisqu'il est admis qu'il faut renoncer à aucune élévation des tarifs des concessions.

Nous croyons que, pour permettre à la population pauvre de continuer, selon ses excellentes traditions, à accompagner pieusement les morts et à visiter les cimetières, il est utile d'avoir, dans tous les trains et sur chaque ligne, de nombreuses voitures de 3e classe, dans lesquelles les voyageurs ne payeraient, pour l'aller et le retour, que 50 centimes.

Il convient, d'ailleurs, pour que tous les quartiers soient traités de la même manière au point de vue des inhumations, que le tarif soit le même sur les quatre tronçons, malgré les différences de parcours. Ce tarif pourrait être fixé, pour l'aller et le retour, à 2 francs pour la deuxième classe, et 3 francs pour la première.

Il n'y aurait, d'ailleurs, que des billets d'aller et de retour, valables

seulement aux points extrêmes ; les trains seraient directs, et aucun billet
ne serait délivré pour les stations situées sur les lignes intermédiaires,
qu'on utiliserait partiellement, entre les quatre gares mortuaires et les
cimetières.

Quant aux convois, on pourrait fixer le prix pour les trois premières
classes des pompes funèbres, où les cercueils et les familles occupent un
wagon entier, y compris les billets de dix personnes ayant le droit d'y
prendre place, à. . . . . 50 fr.

Le prix pour les trois classes suivantes, où les convois occupent un
demi-wagon, pourrait être réduit, y compris les billets de dix personnes,
à. . . . . 30 fr.

Et enfin pour les trois dernières classes, où les convois n'occupent
qu'un tiers de wagon, le transport ne serait plus payé, y compris toujours
les dix billets, que. . . . . 15 fr.

Le transport des cercueils des convois gratuits ne donnerait lieu à
aucune recette. L'Administration examinerait ultérieurement s'il y aurait
lieu d'exonérer complétement les familles du prix des billets d'aller et
retour.

Il conviendrait, d'ailleurs, que les dépenses du transport des convois
et des familles fussent comprises dans le nouveau tarif des pompes funèbres
et perçues, par cette Administration, pour être remises à la Caisse
municipale.

Cette perception, mise en regard du chiffre perçu par le service des
pompes funèbres, serait peu importante, et dès lors elle ne pourrait diminuer, comme on paraît le redouter, les avantages que les pompes funèbres
assurent aux fabriques.

Les produits encaissés s'élèveraient, si l'on prend pour base les
inhumations faites en 1872 :

Pour les trois premières classes, 514 convois à 50 fr.   25,700 fr.
Pour les trois suivantes, 6,342 à 30 fr.   190,260
Et pour les trois dernières, 10,606 à 15 fr.   159,090

En dehors du transport des familles et des cercueils,
chaque train contiendrait, au minimum, une voiture de première classe, deux de seconde et trois de troisième. Ces voitures, avec impériale, seraient mises à la disposition des personnes excédant le nombre de celles à admettre dans les

A reporter. . . . . . . 375,050 fr.

Report. . . . . 375,050 fr.

wagons contenant les cercueils. La recette, en calculant seulement sur une moyenne de vingt voyageurs par voiture, et
en appliquant le tarif précédemment indiqué, atteindrait par
train le chiffre de 170 francs, soit pour les onze trains quoti-
diens pendant toute l'année. 682,550

Ce qui donnerait une recette totale de. . . . . 1,057,600 fr.

La Ville serait donc couverte des frais d'exploitation des gares mortuaires et de leurs embranchements, lesquels ne s'élève-
raient qu'à. . . . . 1,014,368 fr.

Elle ne perdrait plus que l'intérêt du capital de premier établissement.
Peut-être en retrouverait-elle une partie par le produit des trains extraor-
dinaires et supplémentaires, qui pourront être mis en circulation les jours
de fête, en quantité suffisante pour recevoir au besoin, comme les lignes
de Versailles les jours de grandes eaux, ou comme la ligne du Nord pour
les courses de Chantilly, un nombre de soixante à quatre-vingt mille
voyageurs; mais il ne faut pas trop compter sur ce profit, qui sera facilement absorbé par l'accroissement onéreux du service, au moment des
épidémies.

XXXIV. — Le service du transport des convois et des voyageurs,
ainsi réglé, ne saurait mériter les reproches qui pourraient lui être adres-
sés. Le trajet de l'église, du temple, de la synagogue ou du domicile, aux
gares mortuaires, ne serait jamais de plus de trois kilomètres, distance
bien inférieure à celle que parcourt le plus grand nombre des convois pour
atteindre les cimetières actuels. Les familles qui le désireraient pourront,
d'ailleurs, demander que les inhumations aient lieu dans celui des deux
cimetières qui serait le plus à leur convenance. Arrivés à la gare de départ, les corbillards pénétreraient dans l'intérieur, et les cercueils seraient
immédiatement reçus dans une partie des salles d'attente, convertie en
chapelle, pour passer ensuite dans le wagon qui leur est destiné. Les familles et l'Administration ne quitteraient pas les cercueils un seul instant,
et les suivraient jusqu'au champ d'inhumation. Ces groupes accompagnant
chaque convoi mortuaire seraient, d'ailleurs, complétement isolés.

Qu'y a-t-il, dans ces mesures qui puisse blesser le sentiment reli-

gieux le plus scrupuleux? En quoi nos mœurs recevraient-elles une dou-
loureuse atteinte? Qu'enlèverait-on au caractère de convenance et de
recueillement traditionnels, qui distinguent les convois funèbres? Où
seraient la promiscuité et les chances d'erreur? En quoi nos morts seraient-
ils traités comme des colis ?

Doit-on, d'autre part, redouter les dangers que ferait courir à la salubrité et au bon ordre la concentration de nombreux convois funèbres
dans les gares mortuaires? La division des services dans quatre gares ré-
pond à cette objection. Aucune gare ne recevrait, en temps normal, plus
de quarante convois par jour, donnant lieu, au plus, à quatre trains de
chemins de fer. Y a-t-il là des chances d'accidents, comparables à celles
que présentent les départs journaliers de toutes les gares de Paris, et où
cependant tout se passe avec ordre ?

Quant à l'insalubrité qui résulterait du passage de quarante cadavres
au moins, sur les quais et dans la chapelle, il n'y a pas un hygiéniste qui
ne sache que les émanations cadavériques ne sont dangereuses que dans
les lieux clos, et qu'elles ne sauraient présenter d'inconvénients, lorsqu'elles
ne se produisent que pendant quelques instants, soit dans de vastes locaux
couverts, soit à l'air libre.

Reste la longueur du transport et la dépense qui, en raison de l'éloignement des cimetières, seraient, d'après les adversaires des cimetières
éloignés, un sérieux obstacle pour les enfants, les femmes, les valétudinaires et les classes peu fortunées, ce qui amènerait promptement la dis-
parition du culte des morts, l'un des sentiments qui honorent le plus la
population parisienne.

Sans doute, il serait plus commode et moins coûteux de voir continuer les inhumations dans les trois grands cimetières actuels de Montmartre, du Père-Lachaise et de Montparnasse, que de transporter tout le
service funéraire dans les cimetières de Méry et de Wissous. Mais ces trois
grandes nécropoles, déjà dangereuses pour la salubrité de la cité, sont
remplies, et la loi, aussi bien que la raison, défend de les étendre ou
d'en créer de nouvelles dans l'enceinte de la capitale. La comparaison entre
les frais et les difficultés du transport doit donc s'établir, non pas entre les
cimetières de Wissous et de Méry et les cimetières intérieurs actuels, mais
bien avec ceux qu'on établirait dans le système périphérique, à un ou deux
kilomètres de l'enceinte.

Paris ayant une étendue de près de douze kilomètres, dans sa plus
grande largeur, et de neuf, dans le plus petit diamètre, le trajet à parcourir
soit dans Paris, soit en dehors, dépasserait sept kilomètres pour le plus

grand nombre de convois partant du centre habité et se dirigeant sur les cimetières périphériques. Il faudrait donc imposer aux personnes qui suivent les convois un parcours de quatorze kilomètres, aller et retour, lequel ne pourrait être fait à pied que par les personnes valides, en trois heures au moins; ce qui obligerait les femmes, les vieillards, les enfants et les valétudinaires à prendre des voitures, des tramways, des omnibus ou des fiacres. Ce mode de transport serait beaucoup plus coûteux que le prix du billet d'aller et de retour, sur les chemins de fer de Méry ou de Wissous, prix fixé invariablement à cinquante centimes pour la dernière classe, quels que soient le cimetière et la gare de départ.

Quant au temps employé en dehors d'un parcours de moins de 3 kilomètres pour arriver à la gare mortuaire, le trajet de Montmartre à Méry prendrait, au maximum, 40 minutes; celui de Passy et du Père-Lachaise à Méry, 60 minutes; et celui de la gare de Sceaux à Wissous, 25 minutes. Grâce à la rapidité des voies ferrées, on rachèterait donc la distance, et le temps employé serait à peu près le même que celui qui est nécessaire pour se rendre aux cimetières périphériques. Le transport en chemin de fer éviterait, d'ailleurs, la fatigue pour les visiteurs et les personnes qui suivent les convois.

Tout concourt donc à écarter cette solution, comme étant la plus contraire à la salubrité et au respect véritable des morts. On ne peut se dissimuler, en effet, les dangers qu'offrirait, en cas d'épidémie, pour Paris et pour les communes suburbaines, — qu'on oublie trop dans cette affaire, — cette ceinture de cimetières, répandant des émanations putrides et infectant l'eau de nos puits et de nos sources.

Le respect des morts exige qu'on choisisse un champ de repos assez loin de la grande ville et des centres habités, pour qu'on ne soit pas obligé de l'abandonner au bout d'un certain nombre d'années, en renouvelant le douloureux spectacle et les causes d'insalubrité qu'ont présentés les fouilles du charnier des Innocents et des divers autres lieux d'inhumations disséminés autrefois dans Paris.

Disons-le hautement : l'adoption du système des cimetières périphériques n'est pas une solution; ce n'est qu'un ajournement à plus ou moins bref délai. Le sentiment public, dans ce qu'il a de plus honorable, peut être insuffisamment éclairé et prendre parti, de bonne foi, sans mesurer les conséquences de ses résolutions. On a dû se convaincre, en effet, à la lecture du présent rapport, que la question funéraire à Paris est des plus complexes, et qu'on ne peut espérer la résoudre qu'en faisant appel à toutes les lumières. Le devoir de l'Administration est donc de ne pas laisser l'opinion s'égaror, même involontairement, mais de la ramoner ou l'éclairant, et de choisir résolûment, après un examen aussi consciencieux qu'approfondi, la solution que dicte une connaissance véritable des besoins moraux et matériels des habitants de la cité.

5° RÉSUMÉ

XXXV. — En résumé, si l'on veut résoudre d'une manière définitive et satisfaisante, pour tous les intérêts engagés, la question si importante des cimetières de Paris, nous croyons qu'il conviendrait d'adopter les résolutions suivantes :

ARTICLE PREMIER. — Il y a lieu de créer deux nouveaux cimetières parisiens :

L'un, sur l'emplacement désigné sous le nom de plateau de Méry, d'une contenance approximative de 850 hectares ;

L'autre, sur les terrains de la vallée de la Bièvre, compris entre les villages de Massy et Wissous, et situés sur le territoire de ces communes, terrains dont la contenance approximative est de 307 hectares.

ARTICLE 2. — L'appropriation immédiate de ces deux emplacements à l'usage de cimetières ne s'étendra d'abord :

Pour celui de Méry, qu'à la partie d'une contenance de 82 hectares, appartenant à la Ville, d'un seul tenant, et actuellement dénommée Garenne de Maubuisson ;

Pour le cimetière dit de Wissous, qu'à une surface de 100 hectares, dans la partie la plus voisine de la ligne du chemin de fer d'Orsay. Toutefois, M. le Préfet est autorisé à poursuivre, soit par voie d'expropriation, soit par voie amiable, l'acquisition de la totalité des terrains nécessaires à ces deux opérations.

M. le Préfet est autorisé à poursuivre, auprès du Gouvernement, une rectification des territoires des deux départements limitrophes, qui permette de réunir à celui de la Seine la portion du finage de Wissous, qui est située aujourd'hui dans le département de Seine-et-Oise, et qui doit entrer dans le périmètre du nouveau cimetière.

ART. 3. — Aucune inhumation en tranchée n'aura lieu dans les nouveaux cimetières. Les inhumations gratuites s'y feront en fosses particulières, concédées pour une durée minimum de dix ans.

Un règlement préfectoral déterminera les autres conditions de ces inhumations et de celles qui régiront les concessions temporaires et perpétuelles.

Art. 4. — M. le Préfet est autorisé à conclure avec les Compagnies des chemins de fer du Nord, de l'Ouest, d'Orléans et le Syndicat du chemin de fer de Ceinture :

Des traités pour l'établissement de quatre gares mortuaires : 1° au cimetière Montmartre, 2° à celui du Père-Lachaise, 3° à côté de la gare des voyageurs de la ligne de Sceaux, 4° près de la ligne d'Auteuil, entre le cimetière de cette localité et la porte Dauphine ;

Des traités, tant pour l'exploitation des embranchements qui relieront ces gares aux lignes de Ceinture, d'Auteuil, du Nord et d'Orsay, que pour les transports des convois mortuaires de Paris à Méry et à Wissous ;

Le tout sur les bases indiquées dans le présent rapport.

Art. 5. — Un règlement préfectoral déterminera, après délibération du Conseil municipal, les conditions et les prix des transports des convois et des personnes, sur les lignes reliant les gares mortuaires aux deux cimetières.

Art. 6. — A moins de demandes des familles, sur lesquelles l'Administration statuera, les convois de chaque quartier seront dirigés sur la gare et sur le cimetière qui leur sont affectés et qui sont désignés au § XVIII du présent rapport.

Art. 7. — M. le Préfet est autorisé à faire approprier à leur nouvelle destination les terrains nécessaires aux inhumations, dans les limites indiquées à l'article 2, sans dépasser un chiffre total de. . . 3.330.000 fr.

Il sera statué ultérieurement, par une délibération spéciale du Conseil municipal, sur les traités à intervenir avec les Compagnies de chemins de fer, sur les tarifs des transports et sur les dépenses résultant de l'établissement des gares et des embranchements des voies ferrées, évalués provisoirement à . . . . 5.550.000 fr.

Total. . . . . 8.880.000 fr.

Cette dépense totale sera imputée sur les ressources à provenir de l'emprunt de consolidation.

Paris, le 18 juin 1874.

Le Directeur des travaux de Paris,

A. ALPHAND.

PARIS. — TYPOGRAPHIE A. POUGIN 13, QUAI VOLTAIRE. — 126